WYDANIE NARODOWE
DZIEŁ FRYDERYKA CHOPINA

NATIONAL EDITION
OF THE WORKS OF FRYDERYK CHOPIN

CONCERTO in E minor Op. 11
FOR PIANO AND ORCHESTRA
version with second piano

NATIONAL EDITION
Edited by JAN EKIER

SERIES B. WORKS PUBLISHED POSTHUMOUSLY. VOLUME VIa

FRYDERYK CHOPIN

KONCERT e-moll op. 11
NA FORTEPIAN I ORKIESTRĘ
wersja z drugim fortepianem

WYDANIE NARODOWE
Redaktor naczelny: JAN EKIER

FUNDACJA WYDANIA NARODOWEGO
POLSKIE WYDAWNICTWO MUZYCZNE SA
WARSZAWA 2024

SERIA B. UTWORY WYDANE POŚMIERTNIE. TOM VIa

Redakcja tomu: Jan Ekier, Paweł Kamiński

Komentarz wykonawczy i Komentarz źródłowy (skrócony) dołączone są do nut głównej serii *Wydania Narodowego* oraz do strony internetowej www.chopin-nationaledition.com

Pełne *Komentarze źródłowe* do poszczególnych tomów wydawane są oddzielnie.

Wydany w oddzielnym tomie *Wstęp do Wydania Narodowego Dzieł Fryderyka Chopina – 1. Zagadnienia edytorskie* obejmuje całokształt ogólnych problemów wydawniczych, zaś *Wstęp… – 2. Zagadnienia wykonawcze* – całokształt ogólnych problemów interpretacyjnych. Pierwsza część *Wstępu* jest także dostępna na stronie www.pwm.com.pl

Koncert w autentycznym układzie na jeden fortepian tworzy tom 13 **A XIIIa**.
Partytura w wersji historycznej, zestawiona z głosów pierwszego wydania, tworzy tom 18 **A XVb**, partytura w wersji koncertowej, odtworzona przy uwzględnieniu także innych źródeł przekazujących intencję Chopina, tworzy tom 33 **B VIIIa**.

Editors of this Volume: Jan Ekier, Paweł Kamiński

A *Performance Commentary* and a *Source Commentary (abridged)* are included in the music of the main series of the *National Edition* and available on www.chopin-nationaledition.com

Full *Source Commentaries* on each volume are published separately.

The *Introduction to the National Edition of the Works of Fryderyk Chopin 1. Editorial Problems*, published as a separate volume, covers general matters concerning the publication. The *Introduction… 2. Problems of Performance* covers all general questions of the interpretation. First part of the *Introduction* is also available on the website www.pwm.com.pl

The *Concerto* in an authentic arrangement for one piano makes up volume 13 **A XIII**.
The historical version of the score, composed of parts from the first edition, forms volume 18 **A XVb**, and the concert version of the score, recreated by taking into consideration also other sources which present Chopin's intention, constitutes volume 33 **B VIIIa**.

Koncert e-moll op. 11 / Concerto in E minor Op. 11

o Koncercie e-moll ...

„Ernemann był u mnie, osądził, że I-sze Allegro lepsze w nowym Koncercie – [...] nagli robota;
trzeba pisać na gwałt."

17 kwietnia

„Rondo do nowego Koncertu nie skończone – a do tego trzeba weny; nawet się z nim nie spieszę, bo mając pierwsze Allegro, o resztę się nie troszczę. [...] Adagio od nowego Koncertu jest E-dur. Nie ma to być mocne, jest ono więcej romansowe, spokojne, melancholiczne, powinno czynić wrażenie miłego spojrzenia w miejsce, gdzie stawa tysiąc lubych przypomnień na myśli. – Jest to jakieś dumanie w piękny czas wiosnowy, ale przy księżycu. Dlatego też akompaniuję go s o r d i n a m i, to jest skrzypcami przytłumionymi gatunkiem grzebieni, które okraczając strony dają im jakiś nosowy, srebrny tonik. – Może to jest złe, ale czemu się wstydzić źle pisać pomimo swojej wiedzy – skutek dopiero błąd okaże."

15 maja

„[...] już w tym tygodniu mam cały Koncert próbować w kwartecie, dlatego żeby najprzód ten kwartet mógł się porozumieć ze mną – trocha oswoić, bez czego, Elsner powiada, próba z orkiestrą od razu nie przyszłaby do ładu. Linowski przepisuje na gwałt, ale już Rondo zaczął."

31 sierpnia

„Próbowałem zeszłej środy mój Koncert w kwartecie. Kontent byłem, ale nie bardzo – mówią ludzie, że ostatni finał najładniejszy (bo najzrozumialszy). Jak się wyda z orkiestrą, napiszę Ci w przyszły tydzień, bo w tę środę spróbuję."

18 września

„[...] dziś próbuję drugi Koncert z kompletną orkiestrą prócz trąb i kotłów, [...] Ja już drugi Koncert skończyłem, a jeszcze taki hebes [głupi], jak przed zaczęciem poznawania klawiszy. [...] muszę lecieć jeszcze się zapewnić o Elsnerze, [...] pulpitach i s o r d i n a c h, o których wczoraj na śmierć zapomniałem; bez nich bowiem Adagio by upadło, którego powodzenie i tak wielkie być nie może, ile mi się zdaje.
Rondo e f e k t o w n e, Allegro m o c n e. O, przeklęta miłości własna!"

22 września

„Po próbie orkiestrowej 2-go Koncertu stanęła decyzja, żeby go publicznie grać, i w przyszły poniedziałek, to jest 11-go tego miesiąca, wystąpię z nim. Jak z jednej strony nierad jestem temu, tak z drugiej ciekaw jestem ogólnego efektu. Rondo, myślę, że na wszystkich zrobi wrażenie. Na to bowiem Rondo Soliwa mi powiedział: «il vous fait beaucoup d'honneur» [przynosi panu duży zaszczyt], Kurpiński o oryginalności, Elsner o rytmie prawił."

5 października

„Wczorajszy koncert udał mi się – pospieszam z tym doniesieniem. Powiadam Aśpanu, żem się wcale a wcale nie bał, grał tak, jak kiedy sam jestem, i dobrze było. Pełna sala. Goernera Symfonia zaczęła. Potem moja mość Allegro e-moll, które, jak z płatka wywinął, na Streycherowskim fortepianie się wydać miało. Brawa huczne. Soliwa kontent; dyrygował z powodu swojej arii z chórem, którą Panna Wołkow, ubrana jak aniołek w niebieskim, ładnie odśpiewała; po tej arii Adagio i Rondo nastąpiło, po którym pauza między 1-szą a drugą częścią. – [...] Gdyby był Soliwa nie wziął moich partycji do domu, nie przejrzał i nie dyrygował tak, że nie mogłem lecieć na złamanie karku, nie wiem, jakby wczoraj było, ale tak nas umiał zawsze wszystkich utrzymać, że nigdy, powiadam Ci, jeszcze z orkiestrą tak mi się spokojnie grać nie zdarzyło.
Fortepian bardzo się miał podobać a Panna Wołkow jeszcze bardziej."

12 października

Z listów F. Chopina do Tytusa Woyciechowskiego w Poturzynie, Warszawa 1830.

„Znajdowaliśmy się właśnie w tutejszej resursie, gdzie Schnabel, kapelmistrz, prosił, ażebym był obecny na próbie z mającego się dać wieczorem koncertu. [...] Schnabel, co mię od czterech lat nie słyszał, prosił, ażebym spróbował fortepian. Trudno było odmówić, siadłem i zagrałem parę wariacji. [...] zaczęli mię prosić, ażebym wieczorem dał się słyszeć. Szczególniej Schnabel tak szczerze nalegał, że nie śmiałem staremu odmówić. [...] Pojechałem tedy z jego synem po nuty i zagrałem im Romans i Rondo z II Koncertu. Na próbie dziwili się Niemcy mojej grze: «Was für ein leichtes Spiel hat er» [Jakie on ma lekkie uderzenie], mówili, a o kompozycji nic. [...] Ponieważ ja jeszcze nie mam ustalonej reputacji, więc dziwiono się i bano dziwić; nie wiedzieli, czy kompozycja dobra, czy też im się tak tylko stale wydaje. Jeden z tutejszych znawców przybliżył się do mnie i chwalił nowość formy, mówiąc, że mu się nic jeszcze w tej formie nie zdarzyło słyszeć, nie wiem, kto to był ale ten mię może najlepiej zrozumiał."

F. Chopin do Rodziny w Warszawie, Wrocław 9 XI 1830.

„Chopin miał szczęśliwy pomysł wykonania adagia [Romance. Larghetto] ze swego ostatniego koncertu. Umieszczona pomiędzy dwoma utworami orkiestrowymi o gwałtownym stylu, owa zachwycająca kompozycja, której nieodparty urok idzie w parze z najgłębszą myślą religijną, pogrążyła słuchaczy w swoistej radości – spokojnej i ekstatycznej, do której nie przywykliśmy w podobnej sytuacji. Wszystko to różni się bardzo od ciągnących się w nieskończoność adagiów, które wypełniają zazwyczaj środek koncertu fortepianowego; jest tu tyle prostoty połączonej z taką świeżością wyobraźni, że gdy ostatnia nuta spadła niby perła do złotej wazy, publiczność pogrążona w kontemplacji powstrzymała się przez kilka chwil od oklasków, słuchała nadal. Tak właśnie, śledząc harmonijne opadanie półcieni wieczornego zmierzchu, pozostajemy bez ruchu w ciemności z oczami utkwionymi ciągle w ten punkt horyzontu, gdzie właśnie zniknęło światło."

Hector Berlioz „Le Rénovateur" 3 (IV), 5 I 1835.

„Pianista powinien tutaj stać się pierwszym tenorem, pierwszym sopranem, zawsze śpiewakiem i to brawurowym we wszystkich pasażach, które – zgodnie z wolą Chopina – należało koniecznie oddać w stylu cantabile. Takie rozumienie pierwszej części wpajał swojemu ulubieńcowi, Filtschowi. Sam Chopin nie wykonywał już wówczas (1842) tego utworu, gdyż zrezygnował z występów publicznych. Grał nam jednak tematy – w sposób nieopisanie piękny, a także szkicował pasaże. Chciał aby grać je cantabile, z pewnym umiarem głośności i brawury, poprzez uwydatnienie każdej cząstki motywicznej i nadzwyczaj delikatne uderzenie, nawet w przejściowych pasażach, co jest tu wyjątkiem. Nie było nigdy mowy o drugiej i trzeciej części. [...] Filtsch studiował pierwszą część, opracowując każde solo oddzielnie; Chopin nigdy nie pozwalał mu wykonać tej części od początku do końca, gdyż bardzo się nią wzruszał. Uważał też, że każde solo zawiera w sobie całość utworu. Kiedy w końcu pozwolił Filtschowi wykonać całość [...], Mistrz rzekł: «Opracowałeś już tę część tak pięknie, że możemy ją wykonać: ja będę twoją orkiestrą».
[W salonie Chopina, dla specjalnie zaproszonego grona osób, którego większość stanowiły uczennice z wyższej arystokracji, wykonali na dwa fortepiany pierwszą część Koncertu e-moll]. Chopin w swym niezrównanym akompaniamencie odtworzył całą przemyślaną, ziewną instrumentację tego utworu. Grał z pamięci. Nigdy nie słyszałem czegoś, co dałoby się porównać z pierwszym tutti, oddanym przez niego na fortepianie. Mały czynił cuda. Wszystko razem pozostawiało wrażenie na całe życie."

Wilhelm von Lenz, *Uebersichtliche Beurtheilung der Pianoforte-Kompositionen von Chopin [...]*, „Neue Berliner Musikzeitung" 4 IX 1872.

about the Concerto in E minor ...

"Ernemann paid me a visit and judged that the first Allegro is better in the new Concerto – [...] the task is urgent; I have to write in a hurry."

17 April

"The Rondo for the new Concerto is not completed – and to do this I need inspiration; I am not in a particular hurry since having completed the first Allegro and am not anxious about the rest. [...] The Adagio to the new Concerto is in E major. It is not supposed to be emphatic, but more in a sentimental vein, tranquil and melancholic, and should produce the impression of gazing at a spot which brings to mind a thousand pleasant memories. – It resembles beautiful springtime reflections, albeit by moonlight. This is the reason why I accompany it by means of *sordini*, in other words, violins muffled with kind of combs which, by bestriding the strings, produce a nasal, silver tone. – This might be wrong, but why should one be ashamed of writing faultily despite knowledge – only the outcome will disclose the error."

15 May

"[...] I am to rehearse the whole Concerto with a quartet already this week, so that the quartet could first become acquainted with me – to grow somewhat familiar, without which, Elsner claims, a rehearsal with an orchestra would not succeed. Linowski is copying hurriedly, but he has already started the Rondo."

31 August

"Last Wednesday I rehearsed my Concerto with a quartet. I was content but not very much so – people say that the last finale was the most pleasant (since it was the most comprehensible). I shall write you next week how it will sound with an orchestra because I shall rehearse it this Wednesday."

18 September

"[...] today I am rehearsing the second Concerto with the whole orchestra, with the exception of trumpets and kettledrums, [...] I have already completed the second Concerto, but am still as foolish as I was before I learned the keyboard. [...] I must fly to once again assure myself about Elsner, [...] the music stands and *sordini*, about which I totally forgot yesterday; without them the Adagio, whose success, I suppose, does not seem to be great anyhow, would fail. The Rondo is *effective*, the Allegro is *forceful*. O, cursed self-love!"

22 September

"After an orchestra rehearsal of the second Concerto it was decided to perform it in public; I shall present it next Monday, that is, on the eleventh of the month. On the one hand, I am not very pleased with this, but, on the other hand, I am curious about the general effect. I believe that the Rondo will make an impression on everyone. It is about this Rondo that Soliva told me: 'il vous fait beaucoup d'honneur' [it does great credit to you], Kurpiński mentioned originality, and Elsner spoke about rhythm."

5 October

"I hasten to tell you that yesterday's concert was a success. I inform your Lordship that I was not at all nervous, and played as I do when I am alone, and that everything went well. Full hall. First, Görner's symphony, followed by my lordship, the Allegro in E minor, which I reeled off with ease, was presented on a Streicher piano. Tumultuous applause. Soliva was delighted; he conducted because of his air with chorus, beautifully sung by Mlle Wołkow dressed prettily like a cherub in blue; after the air came the Adagio and the Rondo; then a pause between the first and second parts. – [...] I really do not know how things would have gone yesterday if Soliva had not taken my scores home, read them and conducted so that I did not have play rapidly as though to break my neck, but he managed so well to hold us back that, I assure you, I have never succeeded in playing so comfortably with an orchestra. The piano, it seems, was much liked, and Mlle Wołkow even more so."

12 October

From the letters of F. Chopin to Tytus Woyciechowski in Poturzyn, Warsaw 1830.

"We found ourselves at the Resource where kappelmeister Schnabel requested that I be present at the rehearsal of a concert to be performed in the evening. [...] Schnabel, who has not heard me for four years, asked me to try the piano. It was difficult to refuse, so I sat down and played several variations. [...] they started to ask me to play in the evening. Schnabel in particular insisted so earnestly that I did not dare to refuse the old man. [...] I went, therefore, with his son to get the music and played to them the Romance and the Rondo from the second Concerto. During the rehearsal, the Germans were astonished by my performance: 'Was für ein leichtes Spiel hat er' [What a light touch he has], but said nothing about the composition. [...] Since I still do not have an established reputation they were surprised and, simultaneously, afraid to be surprised; they did not know whether the composition is good or whether it only appeared to be so. One of the local connoisseurs approached me and praised the novelty of form, saying that he had never heard anything similar; I do not know who he was, but he probably understood me best of all."

F. Chopin to his family in Warsaw, Wrocław 9 November 1830.

"Chopin had the fortunate idea of playing the Adagio [Romance. Larghetto] from his last Concerto. Placed between two orchestral compositions maintained in a turbulent style, this enchanting work, in which irresistible charm is combined with most profound religious thoughts, submerged the listeners into a specific joy – serene and ecstatic – to which we have not become accustomed in a similar situation. All this differs greatly from the endless adagios, which usually fill the middle movement of a piano concerto; in this case, there is so much simplicity used with such freshness of imagination, that when the last note was heard, in the manner of a pearl cast into a golden vase, the audience, immersed in contemplation, continued to listen, and for a few moments restrained itself from applauding. In the same way, while observing the harmonious descent of twilight semi-shadows, we remain motionless in the darkness, with our eyes still focused on that point of the horizon, where the light has just faded."

Hector Berlioz "Le Rénovateur" 3 (IV), 5 January 1835.

"The pianist should become here the first tenor and the first soprano, but, predominantly, a singer and an excellent one in all those arpeggios which – in accordance with Chopin's will – should be performed in the cantabile style. This is the way he taught his beloved Filtsch to understand this movement. At the time (1842) Chopin no longer performed the composition, since he had resigned from public appearances. Nonetheless, he played to us the themes in an indescribably beautiful way and outlined the passages. He wanted them to be executed cantabile, with a certain moderation of loudness and bravura, by emphasizing each motif particle and with extraordinarily delicate sounding even in the transitory passages, which here is regarded as an exception. No mention was ever made about the second and third movement. [...] Filtsch studied the first movement working on each solo separately; Chopin had never permitted him to perform this movement from the beginning to the end, because he became excessively stirred. He was also of the opinion that each solo contained the whole composition. When he finally allowed Filtsch to play the whole work [...], the Master declared: 'You have prepared this movement so splendidly that we can perform it: I shall be your orchestra'. [In the Chopin salon, they performed the first movement of the Concerto in E minor on two pianos for a specially invited audience, whose majority was composed of pupils from aristocratic families]. Chopin recreated the whole well-devised, ephemeral instrumentation of this composition in his incomparable accompaniment. He played by heart. Never before have I heard anything to equal the first tutti, performed by him on the piano. The boy worked miracles. The overall effect produced an impression to last a lifetime."

Wilhelm von Lenz, *Uebersichtliche Beurtheilung der Pianoforte-Kompositionen von Chopin [...]*, "Neue Berliner Musikzeitung" 4 September 1872.

Concerto pour le piano avec accompagnement d'orchestre

A Monsieur F. Kalkbrenner

op. 11

© 2001 by Jan Ekier and Paweł Kamiński, Warszawa, Poland. All rights reserved.

* Wersja dla mniejszych rąk:
  Version for smaller hands:

* Trudne do odczytania palcowanie wpisane przez Chopina do egzemplarza lekcyjnego - patrz *Komentarz wykonawczy*.
  The fingering, difficult to decipher, added by Chopin in a pupil's copy - vide *Performance Commentary*.
** Tu i dalej, nuty ujęte w takie nawiasy można - w celu odwrócenia strony - opuścić.
  Here and subsequently, notes in brackets of this sort can be omitted in order to turn the page.

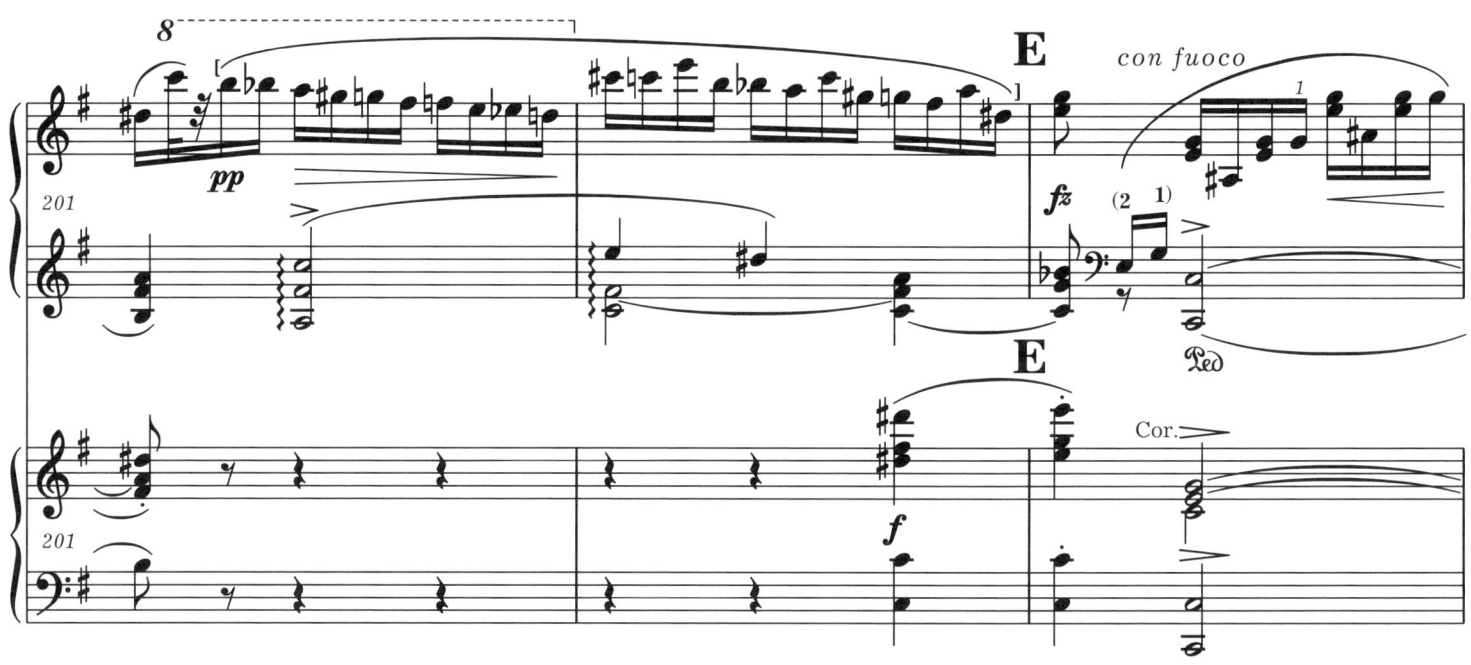

* Podział rytmiczny - patrz *Komentarz wykonawczy*.
  Rhythmic division - vide *Performance Commentary*.

* W źródłach *ritenuto* umieszczone jest - prawdopodobnie błędnie - już pod koniec t. 281. Patrz *Komentarz źródłowy*.
  In the sources *ritenuto* is placed, probably mistakenly, already at the end of bar 281. Vide *Source Commentary*.

* Wykonanie: ... itd., lub ... itd. Patrz *Komentarz wykonawczy*.
  Execution: ... etc., or ... etc. Vide *Performance Commentary*.

* Patrz *Komentarz wykonawczy*.
Vide *Performance Commentary*.

* Zdaniem redakcji górne dźwięki - *e¹* w t. 463, *fis* w t. 464 i *h* w t. 465 - należy powtarzać.
  In the editors' opinion, the upper notes - *e¹* in bar 463, *f#* in bar 464 and *b* in bar 465 - should be repeated.

* Wersja dla mniejszych rąk:
  Version for smaller hands:

* W źródłach prawdopodobnie błędnie:
  The sources have, probably mistakenly:

* Patrz *Komentarz wykonawczy* do t. 185 i 540.
 Vide *Performance Commentary* to bars 185 and 540.

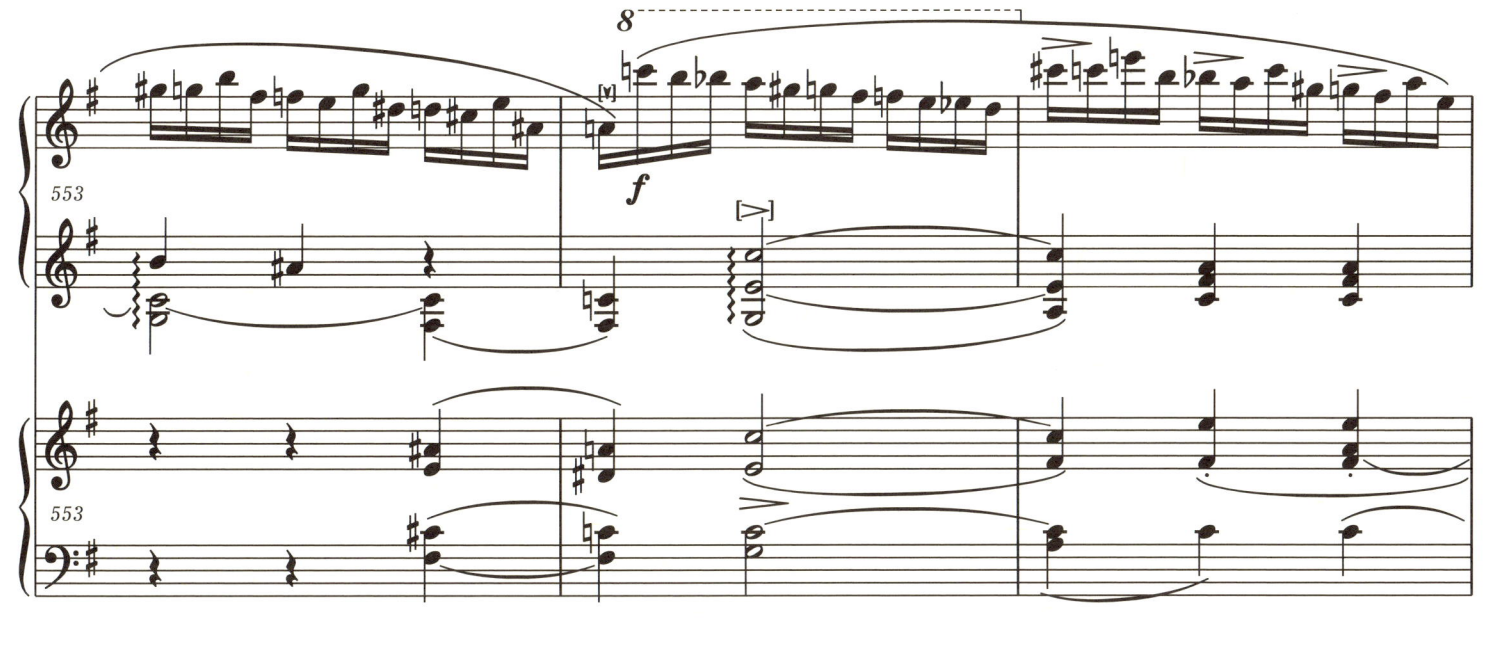

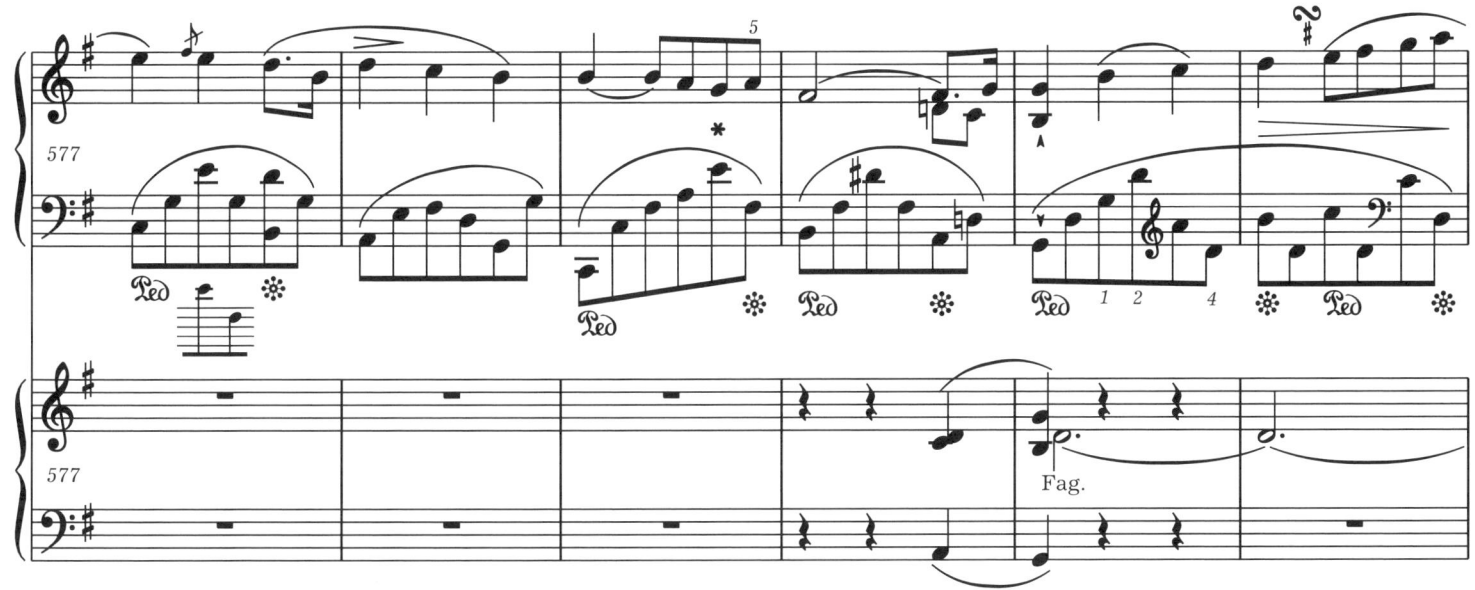

* Patrz *Komentarz wykonawczy* do t. 227-229.
   Vide *Performance Commentary* to bars 227-229.

** Wersja pierwszych wydań, być może błędna:
   The version in the original editions, possibly erroneous:

Patrz *Komentarz źródłowy i wykonawczy*.
Vide *Source* and *Performance Commentaries*.

* Wersja źródłowa, przypuszczalnie błędna: . Patrz *Komentarz źródłowy*.
  Source version, possibly erroneous: . Vide *Source Commentary*.

* Wykonawcy partii solowej i akompaniamentu (orkiestra lub drugi fortepian) winni uzgodnić wersje podstawy basowej. Patrz *Komentarz źródłowy* i *wykonawczy*.
Performers of the solo part and the accompaniment (the orchestra or the second piano) should coordinate the versions of the bass note. Vide *Source* and *Performance Commentaries*.

* Patrz *Komentarz wykonawczy*.
  Vide *Performance Commentary*.

** Wykonanie jak w t. 329-332.
   Execution as in bars 329-332.

ROMANCE

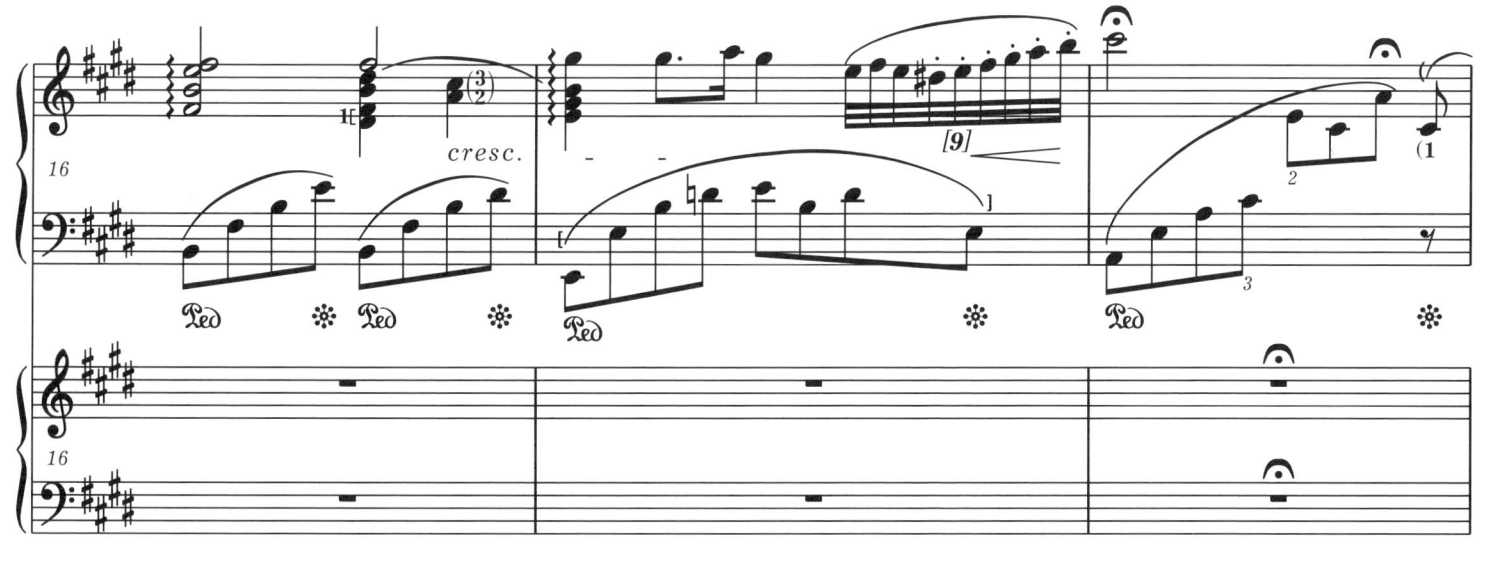

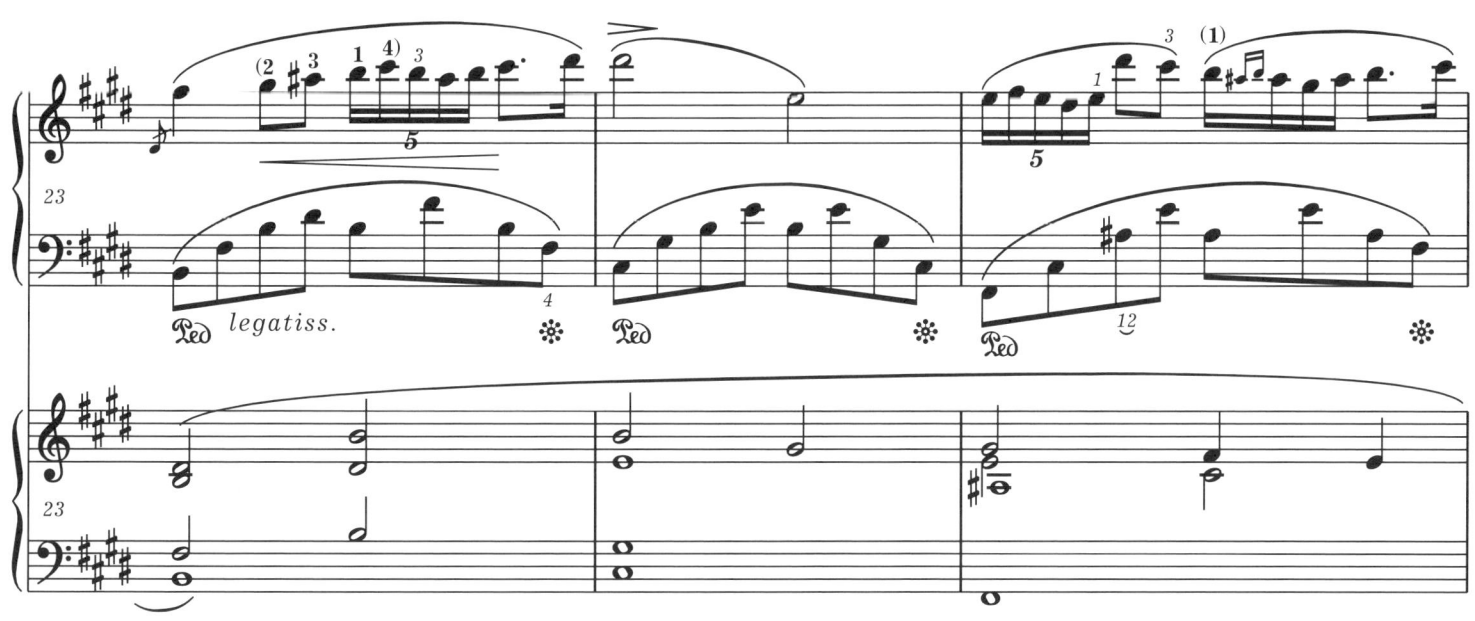

* Wariant rytmiczny ostatniej ćwierćnuty taktu: . Można go zastosować do każdej z podanych wersji melodii. Patrz *Komentarz źródłowy*.
  The rhythmic variant of the last beat: . It can be applied in each of the given versions of the melody. Vide *Source Commentary*.

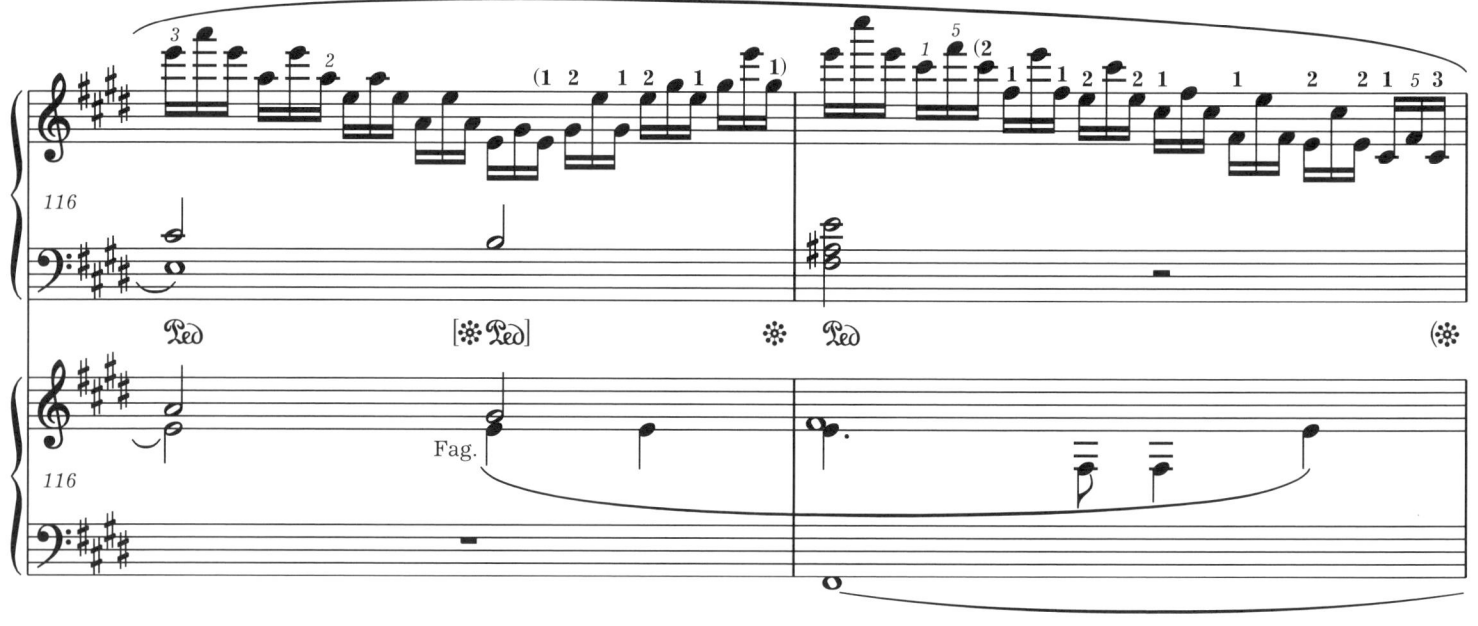
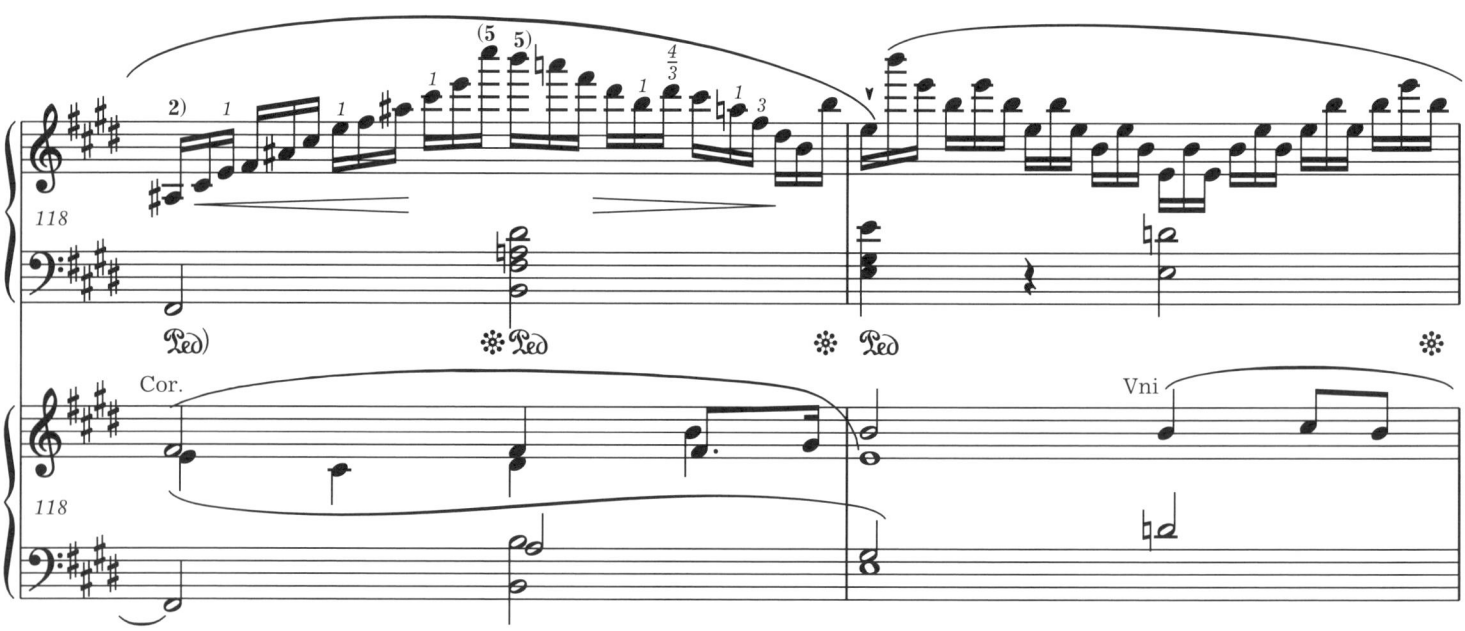

RONDO

* Wykonawcy partii solowej i akompaniamentu (orkiestra lub drugi fortepian) winni uzgodnić wersje podstawy basowej. Patrz *Komentarz źródłowy* i *wykonawczy*.
Performers of the solo part and the accompaniment (the orchestra or the second piano) should coordinate the versions of the bass note. Vide *Source* and *Performance Commentaries*.

*Drobne nutki *ad libitum*. Patrz *Uwagi dotyczące wykonania partii fortepianu akompaniującego* na końcu *Komentarza wykonawczego*.
Small notes *ad libitum*. Vide comments concerning the performance of the accompanying piano part at the end of the *Performance Commentary*.

* W niektórych źródłach *a tempo* znajduje się już w t. 199. Zdaniem redakcji najlepszy efekt daje stopniowy powrót do tempa począwszy od 1. ósemki tego taktu. Patrz *Komentarz wykonawczy*, str. 5.

* In some sources *a tempo* appears as early as bar 199. In the editors' view the best effect is given by a gradual return to tempo beginning from the first quaver of that bar. Vide *Performance Commentary*, page 5.

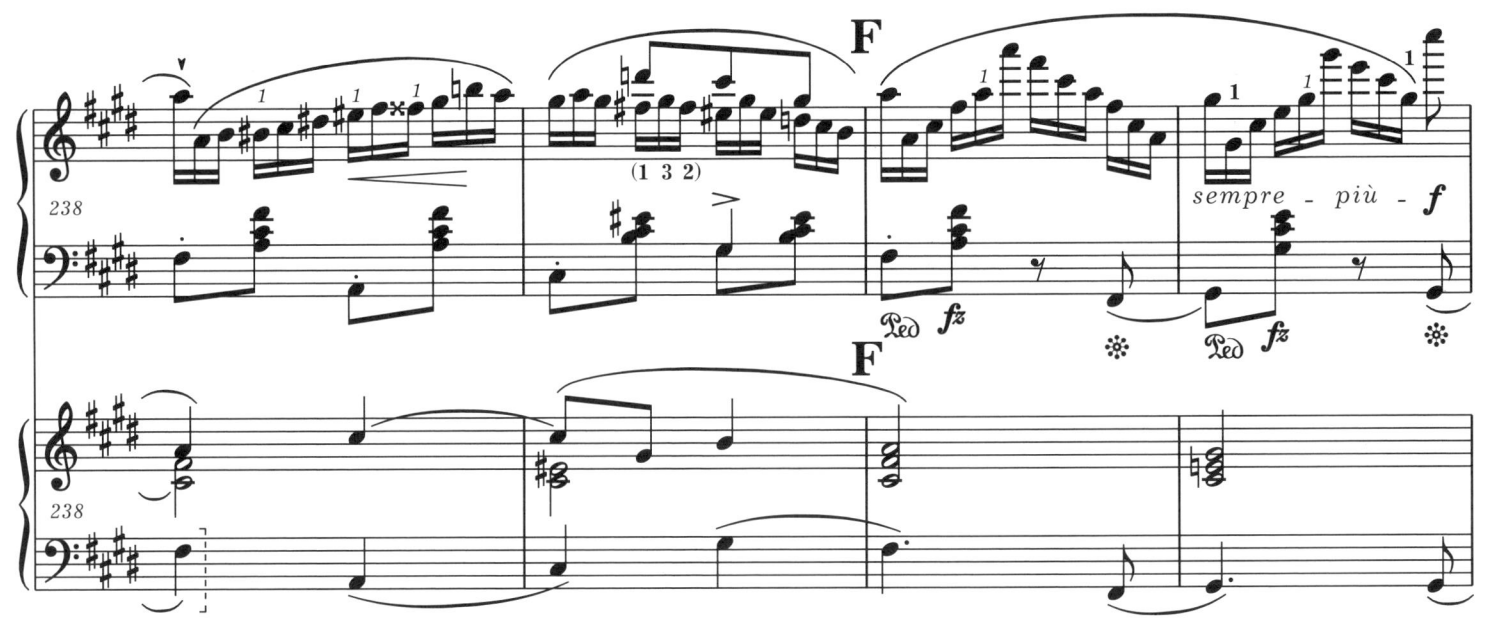

* W niektórych źródłach *a tempo* znajduje się już w t. 443. Zdaniem redakcji najlepszy efekt daje stopniowy powrót do tempa począwszy od 1. ósemki tego taktu. Patrz *Komentarz wykonawczy*, str. 5.

* In some sources *a tempo* appears as early as bar 443. In the editors' view the best effect is given by a gradual return to tempo beginning from the first quaver of that bar. *Vide Performance Commentary*, page 5.

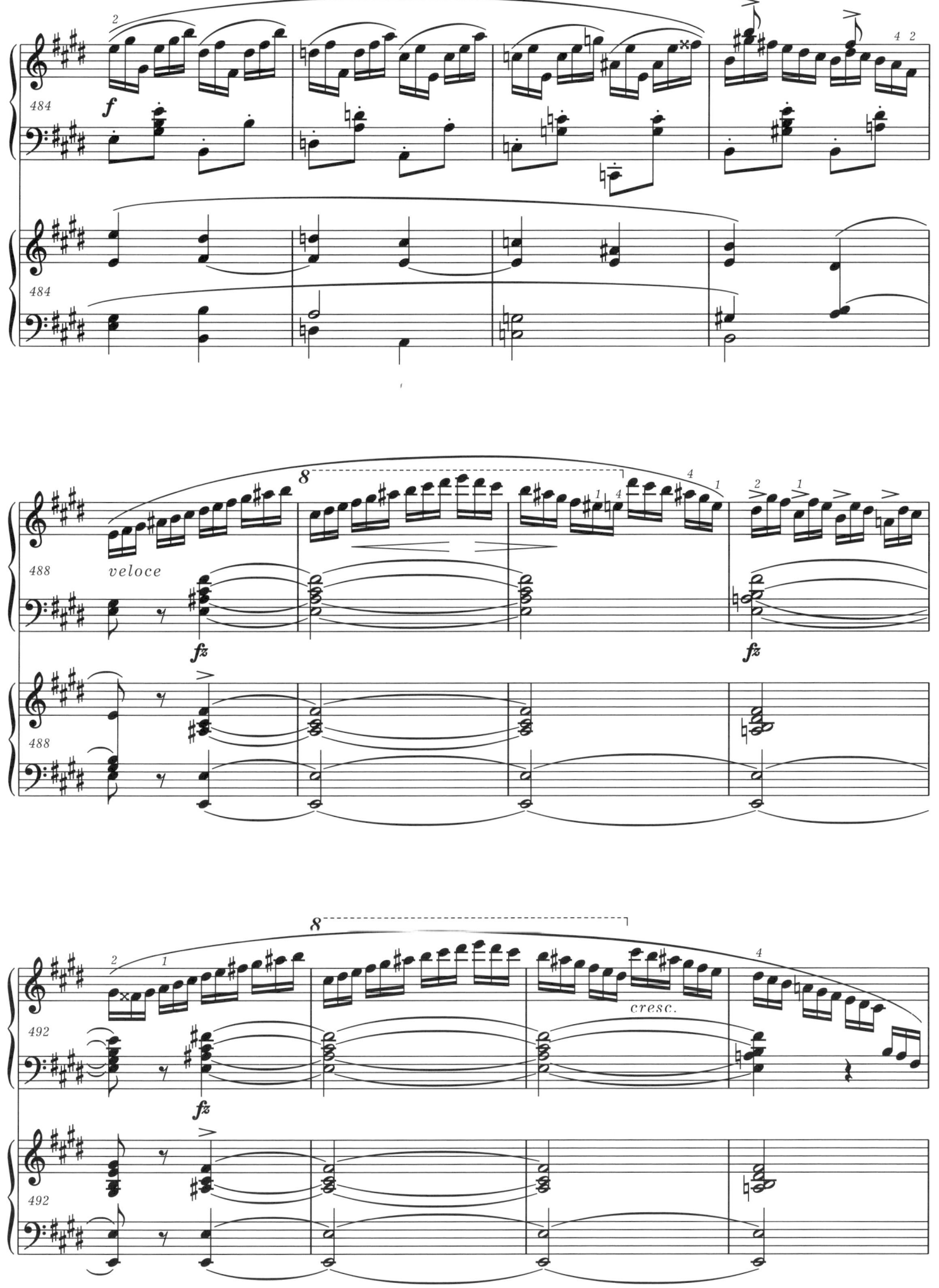

*Patrz Komentarz wykonawczy.
Vide Performance Commentary.

NATIONAL EDITION OF THE WORKS OF FRYDERYK CHOPIN

Plan of the edition

Series A. WORKS PUBLISHED DURING CHOPIN'S LIFETIME

1	A I	**Ballades** Opp. 23, 38, 47, 52
2	A II	**Etudes** Opp. 10, 25, Three Etudes (Méthode des Méthodes)
3	A III	**Impromptus** Opp. 29, 36, 51
4	A IV	**Mazurkas (A)** Opp. 6, 7, 17, 24, 30, 33, 41, Mazurka in a (Gaillard), Mazurka in a (from the album La France Musicale /Notre Temps/), Opp. 50, 56, 59, 63
5	A V	**Nocturnes** Opp. 9, 15, 27, 32, 37, 48, 55, 62
6	A VI	**Polonaises (A)** Opp. 26, 40, 44, 53, 61
7	A VII	**Preludes** Opp. 28, 45
8	A VIII	**Rondos** Opp. 1, 5, 16
9	A IX	**Scherzos** Opp. 20, 31, 39, 54
10	A X	**Sonatas** Opp. 35, 58
11	A XI	**Waltzes (A)** Opp. 18, 34, 42, 64
12	A XII	**Various Works (A)** Variations brillantes Op. 12, Bolero, Tarantella, Allegro de concert, Fantaisie Op. 49, Berceuse, Barcarolle; *supplement* – Variation VI from "Hexameron"
13	A XIIIa	**Concerto in E minor** Op. 11 for piano and orchestra (version for one piano)
14	A XIIIb	**Concerto in F minor** Op. 21 for piano and orchestra (version for one piano)
15	A XIVa	**Concert Works** for piano and orchestra Opp. 2, 13, 14 (version for one piano)
16	A XIVb	**Grande Polonaise in E♭ major** Op. 22 for piano and orchestra (version for one piano)
17	A XVa	**Variations on "Là ci darem" from "Don Giovanni"** Op. 2. Score
18	A XVb	**Concerto in E minor** Op. 11. Score (historical version)
19	A XVc	**Fantasia on Polish Airs** Op. 13. Score
20	A XVd	**Krakowiak** Op. 14. Score
21	A XVe	**Concerto in F minor** Op. 21. Score (historical version)
22	A XVf	**Grande Polonaise in E♭ major** Op. 22. Score
23	A XVI	**Works for Piano and Cello** Polonaise Op. 3, Grand Duo Concertant, Sonata Op. 65
24	A XVII	**Piano Trio** Op. 8

Series B. WORKS PUBLISHED POSTHUMOUSLY

(The titles in square brackets [] have been reconstructed by the National Edition; the titles in slant marks // are still in use today but are definitely, or very probably, not authentic)

25	B I	**Mazurkas (B)** in B♭, G, a, C, F, G, B♭, A♭, C, a, g, f
26	B II	**Polonaises (B)** in B♭, g, A♭, g♯, d, f, b♭, B♭, G♭
27	B III	**Waltzes (B)** in E, b, D♭, A♭, e, G♭, A♭, f, a
28	B IV	**Various Works (B)** Variations in E, Sonata in c (Op. 4)
29	B V	**Various Compositions** Funeral March in c, [Variants] /Souvenir de Paganini/, Nocturne in e, Ecossaises in D, G, D♭, Contredanse, [Allegretto], Lento con gran espressione /Nocturne in c♯/, Cantabile in B♭, Presto con leggierezza /Prelude in A♭/, Impromptu in c♯ /Fantaisie-Impromptu/, "Spring" (version for piano), Sostenuto /Waltz in E♭/, Moderato /Feuille d'Album/, Galop Marquis, Nocturne in c
30	B VIa	**Concerto in E minor** Op. 11 for piano and orchestra (version with second piano)
31	B VIb	**Concerto in F minor** Op. 21 for piano and orchestra (version with second piano)
32	B VII	**Concert Works** for piano and orchestra Opp. 2, 13, 14, 22 (version with second piano)
33	B VIIIa	**Concerto in E minor** Op. 11. Score (concert version)
34	B VIIIb	**Concerto in F minor** Op. 21. Score (concert version)
35	B IX	**Rondo in C** for two pianos; **Variations in D** for four hands; *addendum* – working version of Rondo in C (for one piano)
36	B X	**Songs**

37 **Supplement** Compositions partly by Chopin: Hexameron, Mazurkas in F♯, D, D, C, Variations for Flute and Piano; harmonizations of songs and dances: "The Dąbrowski Mazurka", "God who hast embraced Poland" (Largo) Bourrées in G, A, Allegretto in A-major/minor

WYDANIE NARODOWE DZIEŁ FRYDERYKA CHOPINA

Plan edycji

Seria A. UTWORY WYDANE ZA ŻYCIA CHOPINA

Seria B. UTWORY WYDANE POŚMIERTNIE

(Tytuły w nawiasach kwadratowych [ ] są tytułami zrekonstruowanymi przez WN, tytuły w nawiasach prostych / / są dotychczas używanymi, z pewnością lub dużym prawdopodobieństwem, nieautentycznymi tytułami)

1	A I	**Ballady** op. 23, 38, 47, 52			
2	A II	**Etiudy** op. 10, 25, Trzy Etiudy (Méthode des Méthodes)			
3	A III	**Impromptus** op. 29, 36, 51			
4	A IV	**Mazurki (A)** op. 6, 7, 17, 24, 30, 33, 41, Mazurek a (Gaillard), Mazurek a (z albumu La France Musicale /Notre Temps/), op. 50, 56, 59, 63	25	B I	**Mazurki (B)** B, G, a, C, F, G, B, As, C, a, g, f
5	A V	**Nokturny** op. 9, 15, 27, 32, 37, 48, 55, 62			
6	A VI	**Polonezy (A)** op. 26, 40, 44, 53, 61	26	B II	**Polonezy (B)** B, g, As, gis, d, f, b, B, Ges
7	A VII	**Preludia** op. 28, 45			
8	A VIII	**Ronda** op. 1, 5, 16			
9	A IX	**Scherza** op. 20, 31, 39, 54			
10	A X	**Sonaty** op. 35, 58			
11	A XI	**Walce (A)** op. 18, 34, 42, 64	27	B III	**Walce (B)** E, h, Des, As, e, Ges, As, f, a
12	A XII	**Dzieła różne (A)** Variations brillantes op. 12, Bolero, Tarantela, Allegro de concert, Fantazja op. 49, Berceuse, Barkarola; *suplement* – Wariacja VI z „Hexameronu"	28	B IV	**Dzieła różne (B)** Wariacje E, Sonata c (op. 4)
			29	B V	**Różne utwory** Marsz żałobny c, [Warianty] /Souvenir de Paganini/, Nokturn e, Ecossaises D, G, Des, Kontredans, [Allegretto], Lento con gran espressione /Nokturn cis/, Cantabile B, Presto con leggierezza /Preludium As/, Impromptu cis /Fantaisie-Impromptu/, „Wiosna" (wersja na fortepian), Sostenuto /Walc Es/, Moderato /Kartka z albumu/, Galop Marquis, Nokturn c
13	A XIIIa	**Koncert e-moll** op. 11 na fortepian i orkiestrę (wersja na jeden fortepian)	30	B VIa	**Koncert e-moll** op. 11 na fortepian i orkiestrę (wersja z drugim fortepianem)
14	A XIIIb	**Koncert f-moll** op. 21 na fortepian i orkiestrę (wersja na jeden fortepian)	31	B VIb	**Koncert f-moll** op. 21 na fortepian i orkiestrę (wersja z drugim fortepianem)
15	A XIVa	**Utwory koncertowe** na fortepian i orkiestrę op. 2, 13, 14 (wersja na jeden fortepian)	32	B VII	**Utwory koncertowe** na fortepian i orkiestrę op. 2, 13, 14, 22 (wersja z drugim fortepianem)
16	A XIVb	**Polonez Es-dur** op. 22 na fortepian i orkiestrę (wersja na jeden fortepian)			
17	A XVa	**Wariacje na temat z** *Don Giovanniego* **Mozarta** op. 2. Partytura			
18	A XVb	**Koncert e-moll** op. 11. Partytura (wersja historyczna)	33	B VIIIa	**Koncert e-moll** op. 11. Partytura (wersja koncertowa)
19	A XVc	**Fantazja na tematy polskie** op. 13. Partytura			
20	A XVd	**Krakowiak** op. 14. Partytura			
21	A XVe	**Koncert f-moll** op. 21. Partytura (wersja historyczna)	34	B VIIIb	**Koncert f-moll** op. 21. Partytura (wersja koncertowa)
22	A XVf	**Polonez Es-dur** op. 22. Partytura			
23	A XVI	**Utwory na fortepian i wiolonczelę** Polonez op. 3, Grand Duo Concertant, Sonata op. 65	35	B IX	**Rondo C-dur** na dwa fortepiany; **Wariacje D-dur** na 4 ręce; *dodatek* – wersja robocza Ronda C-dur (na jeden fortepian)
24	A XVII	**Trio na fortepian, skrzypce i wiolonczelę** op. 8	36	B X	**Pieśni i piosnki**

37 **Suplement** Utwory częściowego autorstwa Chopina: Hexameron, Mazurki Fis, D, D, C, Wariacje na flet i fortepian; harmonizacje pieśni i tańców: „Mazurek Dąbrowskiego", „Boże, coś Polskę" (Largo), Bourrées G, A, Allegretto A-dur/a-moll

Okładka i opracowanie graficzne · Cover design and graphics: MARIA EKIER
Tłumaczenie angielskie · English translation: ALEKSANDRA RODZIŃSKA-CHOJNOWSKA

Fundacja Wydania Narodowego Dzieł Fryderyka Chopina
ul. Okólnik 2, pok. 405, 00-368 Warszawa
www.chopin-nationaledition.com

Polskie Wydawnictwo Muzyczne SA
al. Krasińskiego 11a, 31-111 Kraków
www.pwm.com.pl

Wydanie III (zrewidowane). Third edition, revised. Printed in Poland 2024. Drukarnia REGIS Sp. z o.o.
ul. Napoleona 4, 05-230 Kobyłka

ISBN 83-89003-50-3